大方廣佛華嚴經 讀誦

29

🪷 일러두기

1. 『독송본 한문·한글역 대방광불화엄경』은 실차난타가 한역(695~699)한 80권 『대방광불화엄경』의 한문 원문과 한글역을 함께 수록한 것이다. 한문에는 음사와 현토를 부기하였다.

2. 원문의 저본은 고종 2년(1865) 월정사에서 인경한 고려대장경 『대방광불화엄경』에 한암 스님이 현토(1949년)한 것을 범룡 스님이 영인 출판(1990년)한 『대방광불화엄경』이다.

3. 한문은 저본에서 누락되었거나 글자가 다르다고 판단된 부분은 저본인 고려대장경 가권외 말미에 교간되어 있는 내용을 중심으로 하고 봉은사판 『대방광불화엄경수소연의초』와 신수대장경 각주에서 밝힌 교감본을 참조하여 보입하고 수정하였다.

4. 한글 번역은 동국역경원에서 발간한 한글 『대방광불화엄경』(운허)을 중심으로 하고 『신화엄경합론』(탄허)과 『대방광불화엄경 강설』(여천무비) 그리고 최근의 여타 번역본 등을 참조하였다.

5. 저본의 원문에서 이체자의 경우 훈글이 제공하는 이체자는 그대로 살리고 훈글이 제공하지 않는 글자는 통용되는 정자로 바꾸었다. 예) 閒 → 閈 / 焰 → 㷣 / 宫 → 宫 / 偁 → 稱

6. 한글 번역은 독송과 사경을 위하여 정확성과 아울러 가독성을 고려하였다. 극존칭은 부처님과 불경계에 대해서만 사용하였다.

7. 독송본의 차례는 일러두기 → 본문 → 화엄경 목차 → 간행사의 순차이다.
   (법공양판에는 간행사 다음에 간행불사 동참자를 밝혀 두었다.)

8. 독송본의 한글역은 사경의 편의를 도모하기 위해 그 편집을 달리하여 『사경본 한글역 대방광불화엄경』으로 함께 간행한다. 독송본과 사경본 모두 80권 『대방광불화엄경』의 권별 목차 순으로 간행한다.

독송본 한문·한글역

대방광불화엄경 제29권
大方廣佛華嚴經 卷第二十九

25. 십회향품 [7]
十迴向品 第二十五之七

실차난타 한역
수미해주 한글역

滿阿僧祇世界象馬男女頭目手足施一切衆生

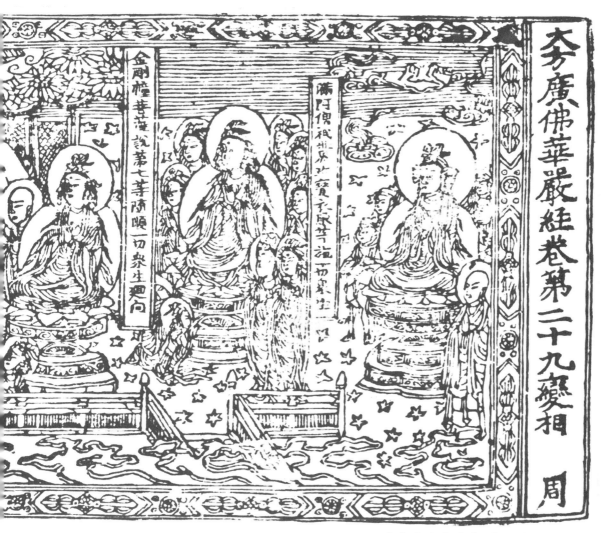

대방광불화엄경 제29권 변상도

대방광불화엄경
제29권

25. 십회향품 [7]

대방광불화엄경 권제이십구
大方廣佛華嚴經　卷第二十九

십회향품　제이십오지칠
十廻向品　第二十五之七

불자　운하위보살마하살　등수순일체중
佛子야 **云何爲菩薩摩訶薩**의 **等隨順一切衆**

생회향
生廻向고

불자　차보살마하살　수소적집일체선
佛子야 **此菩薩摩訶薩**이 **隨所積集一切善**

대방광불화엄경 제29권

25. 십회향품 [7]

불자들이여, 무엇을 보살마하살의 일체 중생을 평등하게 수순하는 회향이라 하는가?

불자들이여, 이 보살마하살이 쌓아 모으는 일체 선근을 따른다.

근
根하나니라

소위소선근 대선근 광선근 다선근 무량
所謂小善根과 大善根과 廣善根과 多善根과 無量

선근 종종선근 미진수선근 아승지선근
善根과 種種善根과 微塵數善根과 阿僧祇善根과

무변제선근 불가사선근 불가량선근
無邊際善根과 不可思善根과 不可量善根이니라

불경계선근 법경계선근 승경계선근 선
佛境界善根과 法境界善根과 僧境界善根과 善

지식경계선근 일체중생경계선근 방편선
知識境界善根과 一切衆生境界善根과 方便善

교경계선근 수제선심경계선근 내경계선
巧境界善根과 修諸善心境界善根과 內境界善

근 외경계선근 무변조도법경계선근
根과 外境界善根과 無邊助道法境界善根이니라

이른바 작은 선근과 큰 선근과 넓은 선근과 많은 선근과 한량없는 선근과 갖가지 선근과 미진수 선근과 아승지 선근과 끝이 없는 선근과 불가사의한 선근과 헤아릴 수 없는 선근이다.

부처님 경계의 선근과 법 경계의 선근과 승 경계의 선근과 선지식 경계의 선근과 일체 중생 경계의 선근과 방편선교 경계의 선근과 모든 선한 마음을 닦는 경계의 선근과 안 경계의 선근과 바깥 경계의 선근과 가없는 도를 돕는 법 경계의 선근이다.

일체 버림을 부지런히 닦는 선근과 수승한

근수일체사선근　입승지구경지정계선근
勤修一切捨善根과 **立勝志究竟持淨戒善根**과

일체사무불수감인선근　상정진심무퇴선
一切捨無不受堪忍善根과 **常精進心無退善**

근　이대방편　입무량삼매선근
根과 **以大方便**으로 **入無量三昧善根**이니라

이지혜선관찰선근　지일체중생심행차별
以智慧善觀察善根과 **知一切衆生心行差別**

선근　집무변공덕선근　근수습보살업행
善根과 **集無邊功德善根**과 **勤修習菩薩業行**

선근　보부육일체세간선근
善根과 **普覆育一切世間善根**이니라

불자　보살마하살　어차선근　수행안주
佛子야 **菩薩摩訶薩**이 **於此善根**에 **修行安住**하며

뜻을 세워 끝까지 청정한 계를 지니는 선근과 일체 버림을 받아 견디어 참지 않음이 없는 선근과 항상 정진하는 마음이 물러남이 없는 선근과 큰 방편으로 한량없는 삼매에 들어가는 선근이다.

지혜로 잘 관찰하는 선근과 일체 중생의 마음과 행의 차별을 아는 선근과 가없는 공덕을 모으는 선근과 보살의 업행을 부지런히 닦아 익히는 선근과 일체 세간을 널리 덮어 기르는 선근이다.

불자들이여, 보살마하살이 이 선근을 닦아

취입섭수   적집판구
趣入攝受하며 積集辨具하니라

오해심정   개시발기시   득감인심   폐
悟解心淨하며 開示發起時에 得堪忍心하야 閉

악취문
惡趣門하니라

선섭제근   위의구족   원리전도   정행
善攝諸根하야 威儀具足하며 遠離顚倒하야 正行

원만   감위일체제불법기   능작중생복
圓滿하며 堪爲一切諸佛法器하야 能作衆生福

덕양전
德良田하니라

위불소념   장불선근   주제불원   행제
爲佛所念하야 長佛善根하며 住諸佛願하야 行諸

불업
佛業하니라

행하고 편안히 머무르며, 나아가 들어가고 거두어 주며, 쌓아 모으고 마련하여 갖춘다.

깨달아 알고 마음이 깨끗하며, 열어 보이고 일으킬 때에 견디어 참는 마음을 얻어서 나쁜 갈래의 문을 닫는다.

모든 근을 잘 거두어 위의가 구족하며, 전도를 멀리 여의어 바른 행이 원만하며, 능히 일체 모든 부처님의 법의 그릇이 되며, 능히 중생들의 복덕의 좋은 밭을 짓는다.

부처님의 호념하시는 바가 되어 부처님의 선근을 기르며, 모든 부처님의 원에 머물러 모든 부처님의 업을 행한다.

심득자재　　등삼세불　　취불도량　　입여
心得自在하야 等三世佛하며 趣佛道場하며 入如

래력　　구불색상　　초제세간　　불락생
來力하야 具佛色相하야 超諸世間하며 不樂生

천　　불탐부락　　불착제행　　일체선근
天하고 不貪富樂하며 不著諸行하야 一切善根으로

실이회향
悉以迴向하니라

위제중생공덕지장　　주구경도　　보부일
爲諸衆生功德之藏하야 住究竟道하야 普覆一

체　　어허망도중　　발출중생　　영기안주
切하며 於虛妄道中에 拔出衆生하야 令其安住

일체선법
一切善法하니라

변제경계　　무단무진　　개일체지보리지
徧諸境界하야 無斷無盡하야 開一切智菩提之

마음이 자재함을 얻어 삼세의 부처님과 평등하며, 부처님의 도량에 나아가 여래의 힘에 들어가며, 부처님의 색상을 갖추어 모든 세간을 초월하며, 천상에 나기를 즐겨하지 아니하고 부의 즐거움을 탐하지 아니하며, 모든 행에 집착하지 아니하고 일체 선근을 모두 회향한다.

모든 중생들의 공덕의 창고가 되고 구경의 도에 머물러 널리 일체를 덮어주며, 허망한 길에서 중생들을 구해내어 그들로 하여금 일체 선한 법에 편안히 머무르게 한다.

모든 경계에 두루하여 끊임도 없고 다함도 없으며, 일체 지혜의 보리문을 열며, 지혜의

문　　　건립지당　　　엄정대도
門하며　建立智幢하야　嚴淨大道하나라

보능시현일체세간　　　영제구염　　　심선조
普能示現一切世間하야　令除垢染하며　心善調

복　　　생여래가　　　정불종성　　　공덕구족
伏하야　生如來家하며　淨佛種性하야　功德具足하며

작대복전　　　위세소의　　　안립중생　　　함령
作大福田하야　爲世所依하며　安立衆生하야　咸令

청정　　　상근수습일체선근
淸淨하며　常勤修習一切善根이니라

불자　　　보살마하살　　　이정지원보리심력
佛子야　菩薩摩訶薩이　以淨志願菩提心力으로

수제선근시　　　작시념언
修諸善根時에　作是念言하나라

깃발을 세워 큰 도를 깨끗이 장엄한다.

널리 일체 세간에 능히 나타내 보여서 물든 때를 없애게 하며, 마음을 잘 조복하여 여래가에 태어나며, 부처님의 종성을 깨끗이 하여 공덕을 구족하며, 큰 복전을 지어 세상의 의지할 곳이 되며, 중생을 안립하여 모두 청정하게 하며, 항상 부지런히 일체 선근을 닦아 익힌다.

불자들이여, 보살마하살이 청정한 뜻과 원과 보리심의 힘으로 모든 선근을 닦을 때에 이 생각을 하여 말한다.

차제선근   시보리심지소적집   시보리심
此諸善根이 是菩提心之所積集이며 是菩提心

지소사유   시보리심지소발기   시보리심
之所思惟며 是菩提心之所發起며 是菩提心

지소지락   시보리심지소증익   개위연
之所志樂이며 是菩提心之所增益이니 皆爲憐

민일체중생   개위취구일체종지   개위성
愍一切衆生이며 皆爲趣求一切種智며 皆爲成

취여래십력
就如來十力이라하니라

작시념시   선근증진   영불퇴전
作是念時에 善根增進하야 永不退轉이니라

불자   보살마하살   부작시념
佛子야 菩薩摩訶薩이 復作是念하니라

'이 모든 선근은 보리심으로 쌓아 모은 것이며 보리심으로 사유한 것이며 보리심으로 일으킨 것이며 보리심으로 뜻에 즐겨하는 것이며 보리심으로 더욱 이익하게 하는 것이니, 모두 일체 중생을 가엾게 여긴 것이며 모두 일체 종지를 구하기 위함이며 모두 여래의 십력을 성취하기 위함이다.'

이 생각을 할 때에 선근이 더욱 늘어서 영원히 퇴전하지 않는다.

불자들이여, 보살마하살이 다시 이 생각을 한다.

원아이차선근과보　　진미래겁　　수보살
願我以此善根果報로　盡未來劫토록　修菩薩

행　　실이혜시일체중생　　실이회향일체
行하야　悉以惠施一切衆生하며　悉以迴向一切

중생　　보변무여
衆生하야　普徧無餘하니라

원령아승지세계　　진보충만　　아승지세계
願令阿僧祇世界로　珍寶充滿하며　阿僧祇世界로

의복충만　　아승지세계　　묘향충만　　아
衣服充滿하며　阿僧祇世界로　妙香充滿하며　阿

승지세계　　장엄구충만　　아승지세계　　무
僧祇世界로　莊嚴具充滿하며　阿僧祇世界로　無

량마니보충만　　아승지세계　　묘화충만
量摩尼寶充滿하며　阿僧祇世界로　妙華充滿하며

아승지세계　　상미충만　　아승지세계　　재
阿僧祇世界로　上味充滿하며　阿僧祇世界로　財

'원컨대 나는 이 선근의 과보로 미래겁이 다 하도록 보살행을 닦아서 모두 일체 중생에게 보시하며, 모두 일체 중생에게 회향하여 널리 두루하여 남음이 없어지이다.

원컨대 아승지 세계에 진귀한 보배가 가득하며, 아승지 세계에 의복이 가득하며, 아승지 세계에 미묘한 향이 가득하며, 아승지 세계에 장엄거리가 가득하며, 아승지 세계에 한량없는 마니보배가 가득하며, 아승지 세계에 미묘한 꽃이 가득하며, 아승지 세계에 좋은 음식이 가득하며, 아승지 세계에 재화가 가득하며, 아승지 세계에 평상이 가득하게 하여지이

화충만　　아승지세계　　상좌충만
貨充滿하며 阿僧祇世界로 牀座充滿하니라

개이보장　　부이묘의　　　아승지세계　　종
蓋以寶帳하고 敷以妙衣하며 阿僧祇世界로 種

종장엄보관충만　　가사일인　　진미래겁
種莊嚴寶冠充滿하야 假使一人이 盡未來劫토록

상래구색　　이차등물　　이혜시지　　미증
常來求索이라도 以此等物로 而惠施之호대 未曾

염권　　이유휴식　　여어일인　　어일체중
厭倦하야 而有休息이니 如於一人하야 於一切衆

생　실역여시
生에 悉亦如是니라

불자　보살마하살　여시시시　무허위심
佛子야 菩薩摩訶薩이 如是施時에 無虛僞心하며

다.

　보배 휘장을 두르고 미묘한 천을 펴고 아승지 세계에 갖가지로 장엄한 보배 관이 가득하여, 가령 한 사람이 미래겁이 다하도록 항상 와서 구하여 찾더라도, 이와 같은 물건으로 보시하되 일찍이 싫어하거나 게을러 쉬지 아니하며, 한 사람에게와 같이 일체 중생에게도 모두 또한 이와 같게 하여지이다.'

　불자들이여, 보살마하살이 이와 같이 보시할 때에 거짓된 마음이 없고, 희망하는 마음이 없고, 명예의 마음이 없고, 중간에 후회하

무희망심　　무명예심　　무중회심　　무열
無希望心하며　無名譽心하며　無中悔心하며　無熱

뇌 심
惱心하니라

단발전구일체지도심　　일체실사심　　애민중
但發專求一切智道心과　一切悉捨心과　哀愍衆

생심　　교화성숙심　　개령안주일체지지심
生心과　敎化成熟心과　皆令安住一切智智心이니라

불 자　　보살마하살　　이제선근　　　여시회
佛子야　菩薩摩訶薩이　以諸善根으로　如是迴

향　　진미래겁　　상행혜시
向하야　盡未來劫토록　常行惠施하니라

불 자　　보살마하살　　부작시념
佛子야　菩薩摩訶薩이　復作是念하니라

는 마음이 없고, 뜨거운 번뇌의 마음이 없다.

다만 오로지 일체 지혜의 도를 구하는 마음과 일체 모두 버리는 마음과 중생들을 가엾게 여기는 마음과 교화하여 성숙시키는 마음과 모두 일체 지혜의 지혜에 편안히 머무르게 하는 마음을 낸다.

불자들이여, 보살마하살이 모든 선근으로 이와 같이 회향하여 미래겁이 다하도록 항상 보시를 행한다.

불자들이여, 보살마하살이 다시 이 생각을 한다.

아위일중생고　　욕령아승지세계　　보상충
我爲一衆生故로 欲令阿僧祇世界에 寶象充

만　　　칠지구족　　성극조순　　상립금당
滿호대 七支具足하야 性極調順하고 上立金幢하야

금망미부　　종종묘보　　이위장엄　　이용
金網彌覆하고 種種妙寶로 而爲莊嚴하야 以用

보시
布施하니라

원령아승지세계　　보마충만　　여용마왕
願令阿僧祇世界에 寶馬充滿호대 如龍馬王하야

종종중보장엄지구　　이엄식지　　지용보시
種種衆寶莊嚴之具로 而嚴飾之로 持用布施하니라

원령아승지세계　　기녀충만　　실능부주종
願令阿僧祇世界에 妓女充滿호대 悉能敷奏種

종묘음　　지용보시
種妙音으로 持用布施하니라

'내가 한 중생을 위하는 까닭으로 아승지 세계에 보배 코끼리가 가득하게 하되, 일곱 부분이 구족하고 성질이 극히 조순하며 위에는 금 깃대를 세우고 금 그물을 두루 덮고 갖가지 미묘한 보배로 장엄하는 것으로 보시하고자 한다.

원컨대 아승지 세계에 보배 말이 가득하게 하되, 용과 같은 말의 왕을 갖가지 온갖 보배 장엄거리로 장식하는 것으로 보시하여지이다.

원컨대 아승지 세계에 기녀들이 충만하게 하되, 모두 능히 갖가지 미묘한 음을 펴 연주하는 것으로 보시하여지이다.

원령아승지세계　　남녀충만　　　지용보시
願令阿僧祇世界에　男女充滿으로　持用布施하니라

원령아승지세계　　기신충만　　　발보리심
願令阿僧祇世界에　己身充滿하야　發菩提心으로

이용보시
而用布施하니라

원령아승지세계　　기두충만　　　기불방일
願令阿僧祇世界에　己頭充滿하야　起不放逸

심　　　이용보시
心으로　而用布施하니라

원령아승지세계　　기안충만　　　이용보시
願令阿僧祇世界에　己眼充滿으로　而用布施하니라

원령아승지세계　　기신혈육　　급이골수　　충
願令阿僧祇世界에　己身血肉과　及以骨髓가　充

만기중　　심무고연　　　지용보시
滿其中호대　心無顧戀으로　持用布施하니라

원컨대 아승지 세계에 남자와 여자가 가득하게 하는 것으로 보시하여지이다.

원컨대 아승지 세계에 내 몸이 충만하게 하여 보리심을 내는 것으로 보시하여지이다.

원컨대 아승지 세계에 내 머리가 충만하게 하여 방일하지 않는 마음을 일으키는 것으로 보시하여지이다.

원컨대 아승지 세계에 내 눈이 충만하게 하는 것으로 보시하여지이다.

원컨대 아승지 세계에 내 몸의 피와 살과 그리고 뼈와 골수가 그 가운데 충만하게 하되, 마음에 돌아보거나 연연함이 없는 것으로 보

원령아승지세계　자재왕위　충만기중
願令阿僧祇世界에 自在王位가 充滿其中으로

지용보시
持用布施하니라

원령아승지세계　노복작사　충만기중
願令阿僧祇世界에 奴僕作使가 充滿其中으로

지용보시
持用布施하니라

보살마하살　이여시등종종제물　진미래
菩薩摩訶薩이 以如是等種種諸物로 盡未來

겁　안주광대일체시심　시일체중생
劫토록 安住廣大一切施心하야 施一切衆生하나니

여일중생　진중생계일체중생　개여시
如一衆生하야 盡衆生界一切衆生에 皆如是

시
施니라

시하여지이다.

원컨대 아승지 세계에 자재한 왕의 지위가 그 가운데 충만하게 하는 것으로 보시하여지이다.

원컨대 아승지 세계에 노복과 하인이 그 가운데 충만하게 하는 것으로 보시하여지이다.'

보살마하살이 이와 같은 등 갖가지 모든 물건으로써 미래겁이 다하도록 광대하게 일체 보시하는 마음에 편안히 머물러서 일체 중생에게 보시하니, 한 중생에게와 같이 온 중생계의 일체 중생에게도 다 이와 같이 보시한다.

불자　　보살마하살　　어일세계　　진미래겁
佛子야 菩薩摩訶薩이 於一世界에 盡未來劫토록

수보살행　　　이시등물　　시일중생　　　여시
修菩薩行하야 以是等物로 施一衆生하며 如是

급시일체중생　　개령만족
給施一切衆生하야 皆令滿足하나니라

여어일세계　　어진허공변법계일체세계중
如於一世界하야 於盡虛空徧法界一切世界中에

실역여시　　대비보부　　종무간식　　보가
悉亦如是하야 大悲普覆하며 終無間息하며 普加

애민　　수기소수　　공급공양　　불령시
哀愍하며 隨其所須하야 供給供養호대 不令施

행　　우연이식　　내지불어일탄지경　　생
行으로 遇緣而息하며 乃至不於一彈指頃도 生

피권심
疲倦心이니라

불자들이여, 보살마하살이 한 세계에서 미래 겁이 다하도록 보살행을 닦아서 이러한 물건으로 한 중생에게 보시하며, 이와 같이 일체 중생에게 베풀어 주어 다 만족하게 한다.

한 세계에서와 같이 온 허공과 법계에 두루한 일체 세계에서도 모두 또한 이와 같이 대비로 널리 덮으며 마침내 중간에 쉼이 없으며, 널리 더욱 가엾게 여기어 그 필요한 바를 따라서 공급하고 공양하되, 보시하는 행이 인연을 만나 쉬게 하지 아니하며 내지 손가락 한 번 튕기는 사이라도 피로하거나 게으른 마음을 내지 아니한다.

불자　보살마하살　여시시시　생어차
佛子야 菩薩摩訶薩이 如是施時에 生於此

심
心하나니라

소위무착심　무박심　해탈심　대력심　심
所謂無著心과 無縛心과 解脫心과 大力心과 甚

심심　선섭심　무집심　무수자심　선조복
深心과 善攝心과 無執心과 無壽者心과 善調伏

심　불산란심
心과 不散亂心이니라

불망계심　구종종실성심　불구과보심　요
不妄計心과 具種種實性心과 不求果報心과 了

달일체법심　주대회향심　선결제의심　영
達一切法心과 住大迴向心과 善決諸義心과 令

일체중생　주무상지심　생대법광명심
一切衆生으로 住無上智心과 生大法光明心과

불자들이여, 보살마하살이 이와 같이 보시할 때에 이 마음을 낸다.

이른바 집착이 없는 마음과 속박이 없는 마음과 해탈하는 마음과 큰 힘의 마음과 매우 깊은 마음과 잘 거두어 주는 마음과 고집이 없는 마음과 오래 산다는 생각이 없는 마음과 잘 조복하는 마음과 산란하지 않는 마음이다.

허망하게 계교하지 않는 마음과 갖가지 참 성품을 갖춘 마음과 과보를 바라지 않는 마음과 일체 법을 분명히 통달하는 마음과 큰 회향에 머무르는 마음과 모든 이치를 잘 결정하는 마음과 일체 중생으로 하여금 위없는 지혜에 머

입 일 체 지 지 심
入一切智智心이니라

불자   보 살 마 하 살   이 소 집 선 근   어 염 념
佛子야 菩薩摩訶薩이 以所集善根으로 於念念

중   여 시 회 향
中에 如是迴向하나니라

소 위 원 일 체 중 생   재 보 풍 족   무 소 핍 소
所謂願一切衆生이 財寶豊足하야 無所乏少하며

원 일 체 중 생   성 취 무 진 대 공 덕 장
願一切衆生이 成就無盡大功德藏하나라

원 일 체 중 생   구 족 일 체 안 은 쾌 락   원 일 체
願一切衆生이 具足一切安隱快樂하며 願一切

중 생   증 장 보 살 마 하 살 업   원 일 체 중 생
衆生이 增長菩薩摩訶薩業하며 願一切衆生이

무르게 하는 마음과 큰 법의 광명을 내는 마음과 일체 지혜의 지혜에 들어가는 마음이다.

불자들이여, 보살마하살이 모은 바 선근으로 생각생각에 이와 같이 회향한다.

이른바 일체 중생이 재보가 풍족하여 모자라는 바가 없기를 원하며, 일체 중생이 다함없는 큰 공덕장을 성취하기를 원한다.

일체 중생이 일체 안온하고 쾌락함을 구족하기를 원하며, 일체 중생이 보살마하살의 업을 증장하기를 원하며, 일체 중생이 한량없고 제일 수승한 법을 원만히 이루기를 원하며, 일

성만무량제일승법　　원일체중생　　득불퇴
成滿無量第一勝法하며 願一切衆生이 得不退

전일체지승
轉一切智乘하니라

원일체중생　　보견시방일체제불　　원일체
願一切衆生이 普見十方一切諸佛하며 願一切

중생　　영리세간제혹진구　　원일체중생
衆生이 永離世間諸惑塵垢하며 願一切衆生이

개득청정평등지심　　원일체중생　　이제난
皆得淸淨平等之心하며 願一切衆生이 離諸難

처　　득일체지
處하고 得一切智니라

불자　　보살마하살　　여시회향시　　발환희
佛子야 菩薩摩訶薩이 如是迴向時에 發歡喜

체 중생이 퇴전하지 않는 일체 지혜의 승을 얻기를 원한다.

일체 중생이 널리 시방의 일체 모든 부처님을 친견하기를 원하며, 일체 중생이 세간의 모든 번뇌의 때를 영원히 여의기를 원하며, 일체 중생이 다 청정하고 평등한 마음을 얻기를 원하며, 일체 중생이 모든 험난한 곳을 떠나서 일체지를 얻기를 원한다.

불자들이여, 보살마하살이 이와 같이 회향할 때에 환희한 마음을 낸다.

일체 중생으로 하여금 이익과 안락을 얻게

심
心하나니라

위령일체중생　　득이익안락고　　위령일체
爲令一切衆生으로 得利益安樂故며 爲令一切

중생　　　득평등심고　　위령일체중생　　　주
衆生으로 得平等心故며 爲令一切衆生으로 住

능사심고
能捨心故니라

위령일체중생　　주일체시심고　　위령일체
爲令一切衆生으로 住一切施心故며 爲令一切

중생　　　주환희시심고　　위령일체중생으로
衆生으로 住歡喜施心故며 爲令一切衆生으로

주영리빈궁시심고
住永離貧窮施心故니라

위령일체중생　　주일체재보시심고　　위령
爲令一切衆生으로 住一切財寶施心故며 爲令

하기 위한 까닭이며, 일체 중생으로 하여금 평등한 마음을 얻게 하기 위한 까닭이며, 일체 중생으로 하여금 능히 버리는 마음에 머무르게 하기 위한 까닭이다.

일체 중생이 일체 보시하는 마음에 머무르게 하기 위한 까닭이며, 일체 중생이 기쁘게 보시하는 마음에 머무르게 하기 위한 까닭이며, 일체 중생이 영원히 빈궁을 여의는 보시하는 마음에 머무르게 하기 위한 까닭이다.

일체 중생이 일체 재보를 보시하는 마음에 머무르게 하기 위한 까닭이며, 일체 중생이 수없는 재보를 보시하는 마음에 머무르게 하기

일체중생 주무수재보시심고
一切衆生으로 住無數財寶施心故니라

위령일체중생 주보시무량시일체시심
爲令一切衆生으로 住普施無量施一切施心

고 위령일체중생 주진미래겁무단시심
故며 爲令一切衆生으로 住盡未來劫無斷施心

고
故니라

위령일체중생 주일체실사무회무뇌시심
爲令一切衆生으로 住一切悉捨無悔無惱施心

고 위령일체중생 주실사일체자생지물
故며 爲令一切衆生으로 住悉捨一切資生之物

시심고
施心故니라

위령일체중생 주수순시심고 위령일체
爲令一切衆生으로 住隨順施心故며 爲令一切

위한 까닭이다.

일체 중생이 널리 보시하고 한량없이 보시하고 일체를 보시하는 마음에 머무르게 하기 위한 까닭이며, 일체 중생이 미래겁이 다하도록 끊어짐이 없이 보시하는 마음에 머무르게 하기 위한 까닭이다.

일체 중생이 일체를 모두 버리되 후회함이 없고 번뇌가 없이 보시하는 마음에 머무르게 하기 위한 까닭이며, 일체 중생이 일체 살림살이의 물건을 다 버려서 보시하는 마음에 머무르게 하기 위한 까닭이다.

일체 중생이 수순하여 보시하는 마음에 머

중생　　주섭취시심고　　위령일체중생
衆生으로 住攝取施心故며 爲令一切衆生으로

주광대시심고
住廣大施心故니라

위령일체중생　　주사무량장엄구공양시심
爲令一切衆生으로 住捨無量莊嚴具供養施心

고　위령일체중생　　주무착시심고
故며 爲令一切衆生으로 住無著施心故니라

위령일체중생　　주평등시심고　　위령일체
爲令一切衆生으로 住平等施心故며 爲令一切

중생　　주여금강극대력시심고
衆生으로 住如金剛極大力施心故니라

위령일체중생　　주여일광명시심고　　위령
爲令一切衆生으로 住如日光明施心故며 爲令

일체중생　　주섭여래지시심고
一切衆生으로 住攝如來智施心故니라

무르게 하기 위한 까닭이며, 일체 중생이 거두어 주어 보시하는 마음에 머무르게 하기 위한 까닭이며, 일체 중생이 광대하게 보시하는 마음에 머무르게 하기 위한 까닭이다.

일체 중생이 한량없는 장엄거리를 버려서 공양하고 보시하는 마음에 머무르게 하기 위한 까닭이며, 일체 중생이 집착 없이 보시하는 마음에 머무르게 하기 위한 까닭이다.

일체 중생이 평등하게 보시하는 마음에 머무르게 하기 위한 까닭이며, 일체 중생이 금강과 같은 극히 큰 힘으로 보시하는 마음에 머무르게 하기 위한 까닭이다.

위령일체중생　　선근권속　구족고　위령
爲令一切衆生으로　善根眷屬이　具足故며　爲令

일체중생　　선근지혜　　상현재전고　위령
一切衆生으로　善根智慧가　常現在前故며　爲令

일체중생　　득불가괴정심원만고
一切衆生으로　得不可壞淨心圓滿故니라

위령일체중생　　　성취최승청정선근고
爲令一切衆生으로　成就最勝淸淨善根故며

위령일체중생　　어번뇌수면중　　득각오
爲令一切衆生으로　於煩惱睡眠中에　得覺悟

고　위령일체중생　　멸제일체제의혹
故며　爲令一切衆生으로　滅除一切諸疑惑

고
故니라

위령일체중생　　득평등지혜정공덕고
爲令一切衆生으로　得平等智慧淨功德故며

일체 중생이 해의 광명과 같이 보시하는 마음에 머무르게 하기 위한 까닭이며, 일체 중생이 여래의 지혜를 섭수하여 보시하는 마음에 머무르게 하기 위한 까닭이다.

일체 중생이 선근의 권속을 구족케 하기 위한 까닭이며, 일체 중생이 선근의 지혜가 항상 앞에 나타나게 하기 위한 까닭이며, 일체 중생이 깨뜨릴 수 없는 청정한 마음이 원만함을 얻게 하기 위한 까닭이다.

일체 중생이 가장 수승하고 청정한 선근을 성취케 하기 위한 까닭이며, 일체 중생이 번뇌

위령일체중생　　공덕원만　　무능괴자
爲令一切衆生으로 功德圓滿하야 無能壞者

고　　위령일체중생　　구족청정부동삼매
故며 爲令一切衆生으로 具足清淨不動三昧

고　　위령일체중생　　주불가괴일체지지
故며 爲令一切衆生으로 住不可壞一切智智

고
故니라

위령일체중생　　성만보살무량청정신통행
爲令一切衆生으로 成滿菩薩無量清淨神通行

고　　위령일체중생　　수집무착선근고　　위
故며 爲令一切衆生으로 修集無著善根故며 爲

령일체중생　　염거래금일체제불심청정
令一切衆生으로 念去來今一切諸佛心清淨

와 수면 가운데 깨달음을 얻게 하기 위한 까닭이며, 일체 중생이 일체 모든 의혹을 멸하여 없애게 하기 위한 까닭이다.

일체 중생이 평등한 지혜와 깨끗한 공덕을 얻게 하기 위한 까닭이며, 일체 중생이 공덕이 원만하여 능히 파괴할 자가 없게 하기 위한 까닭이며, 일체 중생이 청정하고 흔들리지 않는 삼매를 구족케 하기 위한 까닭이며, 일체 중생이 깨뜨릴 수 없는 일체 지혜의 지혜에 머무르게 하기 위한 까닭이다.

일체 중생이 보살의 한량없이 청정한 신통의

고
故니라

위령일체중생　　출생청정승선근고　　위령
爲令一切衆生으로 **出生淸淨勝善根故**며 **爲令**

일체중생　　멸제일체마소작업장도법고
一切衆生으로 **滅除一切魔所作業障道法故**며

위령일체중생　　구족무애청정평등공덕법
爲令一切衆生으로 **具足無礙淸淨平等功德法**

고
故니라

위령일체중생　　이광대심　　상념제불
爲令一切衆生으로 **以廣大心**으로 **常念諸佛**하야

무해폐고　　위령일체중생　　상근제불
無懈廢故며 **爲令一切衆生**으로 **常近諸佛**하야

근공양고
勤供養故니라

행을 원만히 이루게 하기 위한 까닭이며, 일체 중생이 집착이 없는 선근을 닦아 모으게 하기 위한 까닭이며, 일체 중생이 과거와 미래와 현재의 일체 모든 부처님의 마음이 청정하심을 생각케 하기 위한 까닭이다.

일체 중생이 청정하고 수승한 선근을 출생케 하기 위한 까닭이며, 일체 중생이 일체 마군이 지은 업과 도를 장애하는 법을 멸하여 없애게 하기 위한 까닭이며, 일체 중생이 걸림 없이 청정하고 평등한 공덕의 법을 구족케 하기 위한 까닭이다.

일체 중생이 광대한 마음으로 항상 모든 부

위령일체중생　　광개일체제선근문　　보
爲令一切衆生으로 **廣開一切諸善根門**하야 **普**

능원만백정법고　　위령일체중생　　무량심
能圓滿白淨法故며 **爲令一切衆生**으로 **無量心**

광대심최승심　실청정고
廣大心最勝心이 **悉淸淨故**니라

위령일체중생　　성취청정등시심고　　위령
爲令一切衆生으로 **成就淸淨等施心故**며 **爲令**

일체중생　　봉지제불시바라밀　　등청정
一切衆生으로 **奉持諸佛尸波羅蜜**하야 **等淸淨**

고
故니라

위령일체중생　　득대감인바라밀고　　위령
爲令一切衆生으로 **得大堪忍波羅蜜故**며 **爲令**

처님을 생각하고 게을러 그만둠이 없게 하기

위한 까닭이며, 일체 중생이 모든 부처님을 항

상 친근하여 부지런히 공양올리게 하기 위한

까닭이다.

일체 중생이 일체 모든 선근의 문을 널리 열

고 널리 희고 깨끗한 법을 능히 원만하게 하기

위한 까닭이며, 일체 중생이 한량없는 마음과

광대한 마음과 가장 수승한 마음이 모두 청정

케 하기 위한 까닭이다.

일체 중생이 청정하고 평등하게 보시하는 마

음을 성취케 하기 위한 까닭이며, 일체 중생이

일체중생　　주정진바라밀　　상무해고
一切衆生으로 住精進波羅蜜하야 常無懈故니라

위령일체중생　　주무량정　　능기종종신
爲令一切衆生으로 住無量定하야 能起種種神

통지고　위령일체중생　　득지일체법무체
通智故며 爲令一切衆生으로 得知一切法無體

성반야바라밀고
性般若波羅蜜故니라

위령일체중생　　원만무변정법계고　　위령
爲令一切衆生으로 圓滿無邊淨法界故며 爲令

일체중생　　성만일체신통청정선근고
一切衆生으로 成滿一切神通淸淨善根故니라

위령일체중생　　주평등행　　적집선법
爲令一切衆生으로 住平等行하야 積集善法하야

실원만고　위령일체중생　　선입일체제불
悉圓滿故며 爲令一切衆生으로 善入一切諸佛

모든 부처님의 지계바라밀을 받들어 지녀서 평등히 청정케 하기 위한 까닭이다.

일체 중생이 큰 인욕바라밀을 얻게 하기 위한 까닭이며, 일체 중생이 정진바라밀에 머물러 항상 게으름이 없게 하기 위한 까닭이다.

일체 중생이 한량없는 선정에 머물러 갖가지 신통과 지혜를 능히 일으키게 하기 위한 까닭이며, 일체 중생이 일체 법이 체성이 없음을 아는 반야바라밀을 얻게 하기 위한 까닭이다.

일체 중생이 가없이 깨끗한 법계를 원만하게 하기 위한 까닭이며, 일체 중생이 일체 신통과 청정한 선근을 원만히 이루게 하기 위한 까닭이다.

경계　　　실주변고
境界_{하야} 悉周徧故_{니라}

위령일체중생　　　신구의업　　보청정고　　위
爲令一切衆生_{으로} 身口意業_이 普淸淨故_며 爲

령일체중생　　　선업과보　　보청정고　　위령
令一切衆生_{으로} 善業果報_가 普淸淨故_며 爲令

일체중생　　　요달제법　　　보청정고
一切衆生_{으로} 了達諸法_{하야} 普淸淨故_{니라}

위령일체중생　　　요달실의　　　보청정고
爲令一切衆生_{으로} 了達實義_{하야} 普淸淨故_며

위령일체중생　　　수제승행　　　보청정고
爲令一切衆生_{으로} 修諸勝行_{하야} 普淸淨故_며

위령일체중생　　성취일체보살대원　　　보
爲令一切衆生_{으로} 成就一切菩薩大願_{하야} 普

일체 중생이 평등한 행에 머물러 선한 법을 모아서 모두 원만하게 하기 위한 까닭이며, 일체 중생이 일체 모든 부처님의 경계에 잘 들어가서 다 두루하게 하기 위한 까닭이다.

일체 중생이 몸과 입과 뜻의 업이 널리 청정케 하기 위한 까닭이며, 일체 중생이 선업의 과보가 널리 청정케 하기 위한 까닭이며, 일체 중생이 모든 법을 분명히 통달하여 널리 청정케 하기 위한 까닭이다.

일체 중생이 진실한 이치를 분명히 통달하여 널리 청정케 하기 위한 까닭이며, 일체 중생이

청 정 고
淸淨故니라

위 령 일 체 중 생　　　증 득 일 체 공 덕 지 혜　　보
爲令一切衆生으로 證得一切功德智慧하야 普

청 정 고　　위 령 일 체 중 생　　　성 취 일 체 동 체 선
淸淨故며 爲令一切衆生으로 成就一切同體善

근　　　회 향 출 생 일 체 지 승　　보 원 만 고
根하고 迴向出生一切智乘하야 普圓滿故니라

위 령 일 체 중 생　　　엄 정 일 체 제 불 국 토　　보
爲令一切衆生으로 嚴淨一切諸佛國土하야 普

원 만 고　　위 령 일 체 중 생　　견 일 체 불　　이
圓滿故며 爲令一切衆生으로 見一切佛호대 而

무 소 착　　보 원 만 고
無所著하야 普圓滿故니라

모든 수승한 행을 닦아 널리 청정케 하기 위한 까닭이며, 일체 중생이 일체 보살의 대원을 성취하여 널리 청정케 하기 위한 까닭이다.

일체 중생이 일체 공덕과 지혜를 증득하여 널리 청정케 하기 위한 까닭이며, 일체 중생이 일체 체성이 같은 선근을 성취하고 일체 지혜를 출생하는 승에 회향하여 널리 원만하게 하기 위한 까닭이다.

일체 중생이 일체 모든 부처님의 국토를 청정히 장엄하여 널리 원만하게 하기 위한 까닭이며, 일체 중생이 일체 부처님을 친견하고 집착하는 바가 없이 널리 원만하게 하기 위한 까닭이다.

위령일체중생　　구제상호공덕장엄　　보
爲令一切衆生으로 具諸相好功德莊嚴하야 普

원만고　위령일체중생　　득육십종음성
圓滿故며 爲令一切衆生으로 得六十種音聲하야

발언성체　　개가신수　　백천종법　　이이
發言誠諦하야 皆可信受하고 百千種法으로 而以

장엄　　여래무애공덕묘음　실원만고
莊嚴하야 如來無礙功德妙音이 悉圓滿故니라

위령일체중생　　성취십력장엄무애평등심
爲令一切衆生으로 成就十力莊嚴無礙平等心

고　위령일체중생　　득일체불무진법명
故며 爲令一切衆生으로 得一切佛無盡法明하야

일체변재　보원만고
一切辯才가 普圓滿故니라

위령일체중생　　득무상무외인중지웅사자
爲令一切衆生으로 得無上無畏人中之雄師子

일체 중생이 모든 상호와 공덕 장엄을 갖추어 널리 원만하게 하기 위한 까닭이며, 일체 중생이 예순 가지 음성을 얻어서 진실한 진리를 말함에 모두 믿어 받아들이고, 백천 가지 법으로 장엄하여 여래의 걸림 없는 공덕의 미묘한 음성을 모두 원만하게 하기 위한 까닭이다.

일체 중생이 십력으로 장엄하여 걸림 없이 평등한 마음을 성취케 하기 위한 까닭이며, 일체 중생이 일체 부처님의 다함없는 법의 밝음을 얻어서 일체 변재가 널리 원만하게 하기 위한 까닭이다.

일체 중생이 위없고 두려움이 없는 사람 가운

후고　위령일체중생　득일체지　전불
吼故며 爲令一切衆生으로 得一切智하야 轉不

퇴전무진법륜고
退轉無盡法輪故니라

위령일체중생　요일체법　개시연설
爲令一切衆生으로 了一切法하야 開示演說하야

보원만고　위령일체중생　이시수습청정
普圓滿故며 爲令一切衆生으로 以時修習淸淨

선법　보원만고
善法하야 普圓滿故니라

위령일체중생　성취도사무상법보　등
爲令一切衆生으로 成就導師無上法寶하야 等

청정고　위령일체중생　어일장엄무량장
淸淨故며 爲令一切衆生으로 於一莊嚴無量莊

엄대장엄제불장엄　보원만고　위령일체
嚴大莊嚴諸佛莊嚴에 普圓滿故며 爲令一切

데 영웅의 사자후를 얻게 하기 위한 까닭이며, 일체 중생이 일체지를 얻어서 퇴전하지 않고 다함없는 법륜을 굴리게 하기 위한 까닭이다.

일체 중생이 일체 법을 요달하고 열어 보이며 연설하여 널리 원만하게 하기 위한 까닭이며, 일체 중생이 때로 청정한 선법을 닦아 익혀서 널리 원만하게 하기 위한 까닭이다.

일체 중생이 도사의 위없는 법보를 성취하여 평등하고 청정케 하기 위한 까닭이며, 일체 중생이 한 장엄과 한량없는 장엄과 큰 장엄과 모든 부처님의 장엄을 널리 원만하게 하기 위한 까닭이며, 일체 중생이 삼세에 있는 경계에 평등

중생 등입삼세소유경계 실주변고
衆生으로 等入三世所有境界하야 悉周徧故니라

위령일체중생 실능왕예일체불찰 청
爲令一切衆生으로 悉能往詣一切佛刹하야 聽

수정법 무불변고 위령일체중생 지
受正法하야 無不徧故며 爲令一切衆生으로 智

혜이익 위세소종 여불등고
慧利益이 爲世所宗하야 與佛等故니라

위령일체중생 이일체지 지일체법
爲令一切衆生으로 以一切智로 知一切法하야

보원만고 위령일체중생 행부동업
普圓滿故며 爲令一切衆生으로 行不動業하고

득무애과 보원만고
得無礙果하야 普圓滿故니라

하게 들어가서 다 두루하게 하기 위한 까닭이다.

일체 중생이 일체 부처님의 세계에 모두 능히 나아가서 바른 법을 듣고 두루하지 못함이 없게 하기 위한 까닭이며, 일체 중생이 지혜와 이익이 세상에서 숭상하는 바가 되어 부처님과 평등하게 하기 위한 까닭이다.

일체 중생이 일체지로써 일체 법을 알아 널리 원만하게 하기 위한 까닭이며, 일체 중생이 부동의 업을 행하여 걸림 없는 과를 얻어서 널리 원만하게 하기 위한 까닭이다.

일체 중생이 있는 바 모든 근이 다 신통을

위령일체중생　　소유제근　　함득신통
爲令一切衆生으로 所有諸根이 咸得神通하야

능지일체중생근고　　위령일체중생　　득무
能知一切衆生根故며 爲令一切衆生으로 得無

차별평등지혜　　어일상법　　보청정고
差別平等智慧하야 於一相法에 普淸淨故니라

위령일체중생　　여리무위　　일체선근
爲令一切衆生으로 與理無違하야 一切善根이

실구족고　　위령일체중생　　어일체보살자
悉具足故며 爲令一切衆生으로 於一切菩薩自

재신통　　실명달고
在神通에 悉明達故니라

위령일체중생　　득일체불무진공덕　　약
爲令一切衆生으로 得一切佛無盡功德하야 若

복약지　　실평등고　　위령일체중생　　발보
福若智가 悉平等故며 爲令一切衆生으로 發菩

얻어서 일체 중생의 근을 능히 알게 하기 위

한 까닭이며, 일체 중생이 차별이 없는 평등한

지혜를 얻어서 한 모양인 법을 널리 청정케 하

기 위한 까닭이다.

일체 중생이 이치와 어기지 않는 일체 선근

을 모두 구족케 하기 위한 까닭이며, 일체 중

생이 일체 보살의 자재한 신통을 모두 밝게

통달케 하기 위한 까닭이다.

일체 중생이 일체 부처님의 다함없는 공덕을

얻어서 복과 지혜가 모두 평등케 하기 위한 까

닭이며, 일체 중생이 보리심을 내고 일체 법의

평등한 한 모양을 알아서 결함이 없게 하기 위

리심　　해일체법평등일상　　무유결고
提心하야 解一切法平等一相하야 無遺缺故니라

위령일체중생　　요달정법　　위세최상복
爲令一切衆生으로 了達正法하야 爲世最上福

덕전고　　위령일체중생　　성취평등청정대
德田故며 爲令一切衆生으로 成就平等淸淨大

비　　위제시자　　대력전고
悲하야 爲諸施者의 大力田故니라

위령일체중생　　견고제일　　무능저괴고
爲令一切衆生으로 堅固第一이라 無能沮壞故며

위령일체중생　　견필몽익　　무능최복고
爲令一切衆生으로 見必蒙益하야 無能摧伏故니라

위령일체중생　　성만최승평등심고　　위령
爲令一切衆生으로 成滿最勝平等心故며 爲令

한 까닭이다.

 일체 중생이 바른 법을 분명히 통달하여 세
상에서 가장 높은 복덕의 밭이 되게 하기 위
한 까닭이며, 일체 중생이 평등하고 청정한 대
비를 성취하여 모든 보시하는 자들에게 큰 힘
의 밭이 되게 하기 위한 까닭이다.

 일체 중생이 견고함이 제일이어서 능히 막아
파괴할 이가 없게 하기 위한 까닭이며, 일체
중생이 봄에 반드시 이익을 입게 되어 능히 꺾
을 이가 없게 하기 위한 까닭이다.

 일체 중생이 가장 수승하고 평등한 마음을

일체중생　　선능요달일체제법　　득대무
一切衆生으로　善能了達一切諸法하야　得大無

외고
畏故니라

위령일체중생　　방일광명　　보조시방일
爲令一切衆生으로　放一光明하야　普照十方一

체세계고　위령일체중생　　보수일체보살
切世界故며　爲令一切衆生으로　普修一切菩薩

정진행　　무해퇴고
精進行하야　無懈退故니라

위령일체중생　　이일행원　　보만일체제
爲令一切衆生으로　以一行願으로　普滿一切諸

행원고　위령일체중생　　이일묘음　　보
行願故며　爲令一切衆生으로　以一妙音으로　普

사문자　개득해고
使聞者로　皆得解故니라

원만히 이루게 하기 위한 까닭이며, 일체 중생이 잘 능히 일체 모든 법을 요달하여 크게 두려움이 없음을 얻게 하기 위한 까닭이다.

일체 중생이 한 광명을 놓아서 시방의 일체 세계를 널리 비추게 하기 위한 까닭이며, 일체 중생이 일체 보살의 정진하는 행을 널리 닦아 게을러 물러남이 없게 하기 위한 까닭이다.

일체 중생이 하나의 행과 원으로써 일체 모든 행과 원을 널리 원만하게 하기 위한 까닭이며, 일체 중생이 하나의 묘한 음성으로써 널리 듣는 자로 하여금 다 이해함을 얻게 하기 위한 까닭이다.

위령일체중생　　실능구족일체보살청정심
爲令一切衆生으로 悉能具足一切菩薩淸淨心

고　위령일체중생　　보득치우제선지식
故며 爲令一切衆生으로 普得値遇諸善知識하야

함승사고
咸承事故니라

위령일체중생　　수보살행　　조복중생
爲令一切衆生으로 修菩薩行하야 調伏衆生하야

불휴식고　위령일체중생　　이묘변재　구
不休息故며 爲令一切衆生으로 以妙辯才로 具

일체음　　수기광연　　무단진고
一切音하야 隨機廣演하야 無斷盡故니라

위령일체중생　　능이일심　　지일체심
爲令一切衆生으로 能以一心으로 知一切心하야

이일체선근　　등회향고　위령일체중생
以一切善根으로 等迴向故며 爲令一切衆生으로

일체 중생이 일체 보살의 청정한 마음을 모두 능히 구족케 하기 위한 까닭이며, 일체 중생이 널리 모든 선지식을 만남을 얻어서 다 받들어 섬기게 하기 위한 까닭이다.

일체 중생이 보살행을 닦아서 중생들을 조복하여 쉬지 않게 하기 위한 까닭이며, 일체 중생이 묘한 변재로 일체 음성을 갖추어 근기를 따라 널리 연설하되 끊어져 다함이 없게 하기 위한 까닭이다.

일체 중생이 능히 한 마음으로 일체 마음을 알고 일체 선근으로 평등히 회향케 하기 위한 까닭이며, 일체 중생이 항상 즐겨 일체 선근

상락적집일체선근　　안립중생어정지고
常樂積集一切善根하야 安立衆生於淨智故니라

위령일체중생　　득일체지복덕지혜청정신
爲令一切衆生으로 得一切智福德智慧淸淨身

고　위령일체중생　　선지일체중생선근
故며 爲令一切衆生으로 善知一切衆生善根하야

관찰회향　　보성취고
觀察迴向하야 普成就故니라

위령일체중생　　득일체지　　성등정각
爲令一切衆生으로 得一切智하야 成等正覺하야

보원만고　위령일체중생　　득구족신통
普圓滿故며 爲令一切衆生으로 得具足神通

지　어일처출흥　　일체제처　개출흥고
智하야 於一處出興하야 一切諸處에 皆出興故니라

을 모아서 중생들을 청정한 지혜에 안립케 하기 위한 까닭이다.

일체 중생이 일체 지혜의 복덕과 지혜의 청정한 몸을 얻게 하기 위한 까닭이며, 일체 중생이 일체 중생의 선근을 잘 알아서 관찰하고 회향하여 널리 성취케 하기 위한 까닭이다.

일체 중생이 일체지를 얻어서 등정각을 이루어 널리 원만하게 하기 위한 까닭이며, 일체 중생이 구족한 신통과 지혜를 얻어 한 곳에서 출현하여 일체 모든 곳에서 다 출현케 하기 위한 까닭이다.

위령일체중생　　득보장엄지　　엄정일중
爲令一切衆生으로 得普莊嚴智하야 嚴淨一衆

회　　일체중회　　개엄정고　　위령일체중생
會에 一切衆會가 皆嚴淨故며 爲令一切衆生으로

어일불국토　　보견일체불국토고
於一佛國土에 普見一切佛國土故니라

위령일체중생　　이일체장엄구　　불가설장
爲令一切衆生으로 以一切莊嚴具와 不可說莊

엄구　　무량장엄구　　무진장엄구　　장엄일
嚴具와 無量莊嚴具와 無盡莊嚴具로 莊嚴一

체제불국토　　보주변고　　위령일체중생
切諸佛國土하야 普周徧故며 爲令一切衆生으로

어일체법　　실능결료심심의고
於一切法에 悉能決了甚深義故니라

위령일체중생　　득제여래최상제일자재신
爲令一切衆生으로 得諸如來最上第一自在神

일체 중생이 널리 장엄하는 지혜를 얻어서 한 대중모임을 깨끗이 장엄하여 일체 대중모임을 다 깨끗이 장엄케 하기 위한 까닭이며, 일체 중생이 한 부처님의 국토에서 일체 부처님의 국토를 널리 보게 하기 위한 까닭이다.

일체 중생이 일체 장엄거리와 말할 수 없는 장엄거리와 한량없는 장엄거리와 다함없는 장엄거리로써 일체 모든 부처님 국토를 장엄하여 널리 두루하게 하기 위한 까닭이며, 일체 중생이 일체 법에서 매우 깊은 이치를 모두 능히 분명히 알게 하기 위한 까닭이다.

일체 중생이 모든 여래의 최상이고 제일이고

25 십회향품 [7]

36

통고　위령일체중생　　득비일비이일체공
通故며 爲令一切衆生으로 得非一非異一切功

덕자재신통고
德自在神通故니라

위령일체중생　　구족일체평등선근　　보
爲令一切衆生으로 具足一切平等善根하야　普

위제불관기정고　　위령일체중생　　실득성
爲諸佛灌其頂故며 爲令一切衆生으로 悉得成

만청정지신　　어제유중　　최존승고
滿淸淨智身하야 於諸有中에 最尊勝故니라

불자　보살마하살　　여시비민이익안락일
佛子야 菩薩摩訶薩이 如是悲愍利益安樂一

자재한 신통을 얻게 하기 위한 까닭이며, 일체 중생이 하나도 아니고 다른 것도 아닌 일체 공덕과 자재한 신통을 얻게 하기 위한 까닭이다.

일체 중생이 일체의 평등한 선근을 구족하여 널리 모든 부처님께서 그 정수리에 물을 부으심이 되게 하기 위한 까닭이며, 일체 중생이 모두 청정한 지혜의 몸을 원만히 성취함을 얻어서 모든 존재 가운데 가장 존중하고 수승하게 하기 위한 까닭이다.

불자들이여, 보살마하살이 이와 같이 일체

체 중 생
切衆生하니라

함령청정   원리간질   수승묘락   구 대
咸令淸淨하며 遠離慳嫉하야 受勝妙樂하며 具大

위 덕   생 대 신 해   영 리 진 에   급 제 예 탁
威德하며 生大信解하며 永離瞋恚와 及諸翳濁하며

기 심 청 정   질 직 유 연   무 유 첨 곡   미 혹
其心淸淨하야 質直柔輭하야 無有諂曲과 迷惑

우 치   행 출 리 행   견 고 불 괴
愚癡하며 行出離行하야 堅固不壞하니라

평등지심   영무퇴전   백정법력   구족성
平等之心이 永無退轉하며 白淨法力을 具足成

취   무뇌무실   선교회향   상수정행
就하며 無惱無失하야 善巧迴向하며 常修正行하야

조복중생   멸제일체제불선업   수행고
調伏衆生하며 滅除一切諸不善業하며 修行苦

중생을 가엾게 여기어 이익하고 안락하게 한다.

모두 청정하며, 간탐과 질투를 멀리 여의며, 수승하고 미묘한 낙을 받으며, 큰 위덕을 갖추며, 큰 믿음과 이해를 내며, 성냄과 모든 가리고 혼탁한 것을 영원히 여의며, 그 마음이 청정하고 순박하고 곧고 부드러워 아첨과 미혹과 어리석음이 없으며, 벗어나는 행을 행하며, 견고하여 깨뜨릴 수 없게 한다.

평등한 마음이 영원히 퇴전하지 않으며, 희고 깨끗한 법의 힘을 구족하게 성취하며, 괴로움도 없고 잘못도 없어 교묘하게 회향하며, 항상 바른 행을 닦아 중생들을 조복하며, 일체

행 일 체 선 근
行一切善根이니라

우 권 중 생　　영 기 수 습　　보 위 함 식　　구 수
又勸眾生하야 令其修習하며 普爲含識하야 具受

중 고　　이 대 지 안　　관 제 선 근　　지 기 실 이
眾苦하며 以大智眼으로 觀諸善根하야 知其悉以

지 혜 위 성　　방 편 회 향 일 체 중 생
智慧爲性하야 方便迴向一切眾生하나니라

위 령 일 체 중 생　　실 득 안 주 일 체 청 정 공 덕 처
爲令一切眾生으로 悉得安住一切淸淨功德處

고　위 령 일 체 중 생　　실 능 섭 수 일 체 선 근
故며 爲令一切眾生으로 悉能攝受一切善根하야

지 제 공 덕　　성 급 의 고
知諸功德의 性及義故니라

모든 선하지 못한 업을 멸하여 없애며, 고행하는 일체 선근을 닦아 행한다.

또 중생들에게 권하여 그들로 하여금 닦아 익히게 하되, 널리 중생들을 위하여 온갖 고통을 갖추어 받으며, 큰 지혜의 눈으로 모든 선근을 관찰하여 그 모두가 지혜로 성품이 됨을 알고 방편으로 일체 중생에게 회향한다.

일체 중생이 모두 일체 청정한 공덕의 처소에 편안히 머무름을 얻게 하기 위한 까닭이며, 일체 중생이 모두 일체 선근을 능히 섭수

위령일체중생　　보정일체제선근고　　위령
爲令一切衆生으로 普淨一切諸善根故며 爲令

일체중생　　어복전경계중　　종제선법
一切衆生으로 於福田境界中에 種諸善法하야

심무회고
心無悔故니라

위령일체중생　　보능섭수일체중생　　일일
爲令一切衆生으로 普能攝受一切衆生하야 一一

개령취일체지고　　위령일체중생　　보섭일
皆令趣一切智故며 爲令一切衆生으로 普攝一

체소유선근　　일일개여평등회향　　이상
切所有善根하야 一一皆與平等迴向으로 而相

응고
應故니라

하여 모든 공덕의 성품과 뜻을 알게 하기 위한 까닭이다.

일체 중생이 일체 모든 선근을 널리 청정케 하기 위한 까닭이며, 일체 중생이 복전의 경계 가운데 모든 선법을 심어서 마음에 후회함이 없게 하기 위한 까닭이다.

일체 중생이 널리 일체 중생을 능히 섭수하여 낱낱이 다 일체지에 나아가게 하기 위한 까닭이며, 일체 중생이 일체 있는 바 선근을 널리 거두어서 낱낱이 다 평등한 회향으로 더불어 서로 응하게 하기 위한 까닭이다.

우이제선근　　여시회향
又以諸善根으로 如是迴向하나니라

소위원일체중생　　구경안은　　원일체중
所謂願一切衆生이 究竟安隱하며 願一切衆

생　　구경청정　　원일체중생　　구경안락
生이 究竟淸淨하며 願一切衆生이 究竟安樂하며

원일체중생　　구경해탈
願一切衆生이 究竟解脫하나니라

원일체중생　　구경평등　　원일체중생　　구
願一切衆生이 究竟平等하며 願一切衆生이 究

경요달　　원일체중생　　구경안주제백정
竟了達하며 願一切衆生이 究竟安住諸白淨

법　　원일체중생　　득무애안
法하며 願一切衆生이 得無礙眼하나니라

원일체중생　　선조기심　　원일체중생　　구
願一切衆生이 善調其心하며 願一切衆生이 具

또 모든 선근으로 이와 같이 회향한다.

이른바 일체 중생이 끝까지 편안하기를 원하며, 일체 중생이 끝까지 청정하기를 원하며, 일체 중생이 끝까지 안락하기를 원하며, 일체 중생이 끝까지 해탈하기를 원한다.

일체 중생이 끝까지 평등하기를 원하며, 일체 중생이 끝까지 요달하기를 원하며, 일체 중생이 끝까지 모든 희고 깨끗한 법에 편안히 머무르기를 원하며, 일체 중생이 걸림 없는 눈을 얻기를 원한다.

일체 중생이 그 마음을 잘 조복하기를 원하며, 일체 중생이 십력을 구족하여 중생들을

족 십 력　　조 복 중 생
足十力하야　調伏衆生이니라

불자　　보살마하살　　여시회향시　　불착업
佛子야　菩薩摩訶薩이　如是迴向時에　不著業하고

불착보　　　불착신　　　불착물　　　불착찰
不著報하며　不著身하고　不著物하며　不著刹하고

불착방　　　불착중생　　　불착무중생　　　불착
不著方하며　不著衆生하고　不著無衆生하며　不著

일체법　　　불착무일체법
一切法하고　不著無一切法이니라

불자　　보살마하살　　여시회향시　　이차선
佛子야　菩薩摩訶薩이　如是迴向時에　以此善

근　　　보시세간　　　원일체중생　　　성만불지
根으로　普施世間하야　願一切衆生이　成滿佛智하야

조복하기를 원한다.

불자들이여, 보살마하살이 이와 같이 회향할 때에 업에 집착하지 않고, 과보에 집착하지 않고, 몸에 집착하지 않고, 물건에 집착하지 않고, 세계에 집착하지 않고, 방위에 집착하지 않고, 중생에 집착하지 않고, 중생 없음에 집착하지 않고, 일체 법에 집착하지 않고, 일체 법 없음에 집착하지 않는다.

불자들이여, 보살마하살이 이와 같이 회향할 때에 이 선근으로 널리 세간에 보시하여 일체 중생이 부처님의 지혜를 원만히 이루어

득 청 정 심　　　지 혜 명 료　　　내 심 적 정　　　외 연
得淸淨心하며　智慧明了하며　內心寂靜하며　外緣

부 동　　증 장 성 취 삼 세 불 종
不動하야　增長成就三世佛種이니라

불 자　　보 살 마 하 살　　수 행 여 시 회 향 지 시　　초
佛子야　菩薩摩訶薩이　修行如是迴向之時에　超

출 일 체　　　무 능 과 자　　　일 체 세 간　　소 유 언
出一切하야　無能過者하며　一切世間의　所有言

사　　실 공 칭 찬　　　역 불 가 진　　　보 수 일 체 보
辭로　悉共稱讚하야도　亦不可盡이라　普修一切菩

살 제 행　　실 능 왕 예 일 체 불 토　　　보 견 제 불
薩諸行하고　悉能往詣一切佛土하며　普見諸佛

무 소 장 애
無所障礙하니라

청정한 마음을 얻으며, 지혜가 명료하며, 안으로 마음이 적정하며, 밖으로 연에 흔들리지 않으며, 삼세 부처님의 종성을 증장하고 성취하기를 원한다.

불자들이여, 보살마하살이 이와 같이 회향을 수행할 때에 일체를 벗어나서 능히 지날 자가 없으며, 일체 세간의 있는 바 말로 모두 함께 칭찬하여도 또한 다할 수 없으며, 일체 보살의 모든 행을 널리 닦아서 다 일체 부처님 국토에 능히 나아가며, 모든 부처님을 널리 친견함에 장애하는 바가 없다.

우능보견일체세계보살소행　　이선방편
又能普見一切世界菩薩所行하며 以善方便으로

위제중생　　분별제법심심구의　　득다
爲諸衆生하야 分別諸法甚深句義하며 得陀

라니　　연설묘법　　진미래겁　　무유단
羅尼하야 演說妙法호대 盡未來劫토록 無有斷

절
絶하니라

위중생고　　염념어불가설불가설세계　　유
爲衆生故로 念念於不可說不可說世界에 猶

여영상　　보현기신　　공양제불
如影像하야 普現其身하야 供養諸佛하니라

염념엄정불가설불가설제불국토　　실령주
念念嚴淨不可說不可說諸佛國土하야 悉令周

변수행엄정불찰지혜　　이무염족
徧修行嚴淨佛刹智慧호대 而無厭足하니라

또 능히 일체 세계 보살의 행하는 바를 널리 보며, 좋은 방편으로 모든 중생들을 위하여 모든 법의 매우 깊은 문구와 뜻을 분별하며, 다라니를 얻어서 묘한 법을 연설하되 미래겁이 다하도록 끊어지지 아니한다.

중생들을 위하는 까닭으로 생각생각에 말할 수 없이 말할 수 없는 세계에 마치 영상과 같이 널리 그 몸을 나타내어 모든 부처님께 공양올린다.

생각생각에 말할 수 없이 말할 수 없는 모든 부처님의 국토를 깨끗이 장엄하며, 모두 두루두루 부처님의 세계를 깨끗이 장엄하는 지혜

염념영불가설불가설백천억나유타중생
念念令不可說不可說百千億那由他衆生으로

청정성취평등만족　　어피일체제국토중
淸淨成就平等滿足하며 於彼一切諸國土中에

근수일체제바라밀　　섭취중생
勤修一切諸波羅蜜하야 攝取衆生하니라

성취정업　　득무애이　　어불가설불가
成就淨業하며 得無礙耳하야 於不可說不可

설제불세계　　일일여래　　소전법륜　　청
說諸佛世界에 一一如來의 所轉法輪을 聽

문수지　　정근수습　　불생일념사리지
聞受持하고 精勤修習하야 不生一念捨離之

심
心하니라

주무소득무의지무작무착보살신통　　어일
住無所得無依止無作無著菩薩神通하야 於一

를 수행하되 만족하여 싫어함이 없게 한다.

생각생각에 말할 수 없이 말할 수 없는 백천억 나유타 중생들로 하여금 청정하게 성취하여 평등하고 만족케 하며, 그 일체 모든 국토에서 일체 모든 바라밀을 부지런히 닦아서 중생들을 거두어 준다.

청정한 업을 성취하여 걸림 없는 귀를 얻어서 말할 수 없이 말할 수 없는 모든 부처님 세계에서 낱낱 여래께서 굴리시는 법륜을 듣고 받아 지니어 부지런히 닦아 익혀서 한 생각도 버리고 여의는 마음을 내지 아니한다.

얻을 것이 없고 의지함이 없고 지음이 없고

찰나일탄지경　　분신보예불가설제불세계
刹那一彈指頃에 分身普詣不可說諸佛世界하야

여제보살　　등동일견
與諸菩薩로 等同一見이니라

불자　　보살마하살　　여시수습보살행시
佛子야 菩薩摩訶薩이 如是修習菩薩行時에도

상능성만무량불가설불가설청정공덕　　　억
尙能成滿無量不可說不可說淸淨功德하야 憶

념칭찬　　소불능진　　황부득성무상보
念稱讚으로 所不能盡이어든 況復得成無上菩

리
提아

일체불찰　평등청정　일체중생　평등청
一切佛刹이 平等淸淨하며 一切衆生이 平等淸

집착이 없는 보살의 신통에 머물러서, 한 찰나와 손가락 한 번 튕기는 사이에 몸을 나누어 말할 수 없는 모든 부처님 세계에 널리 나아가서 모든 보살들과 더불어 평등하고 동일하게 본다.

불자들이여, 보살마하살이 이와 같이 보살의 행을 닦아 익힐 때에 오히려 한량없고 말할 수 없이 말할 수 없는 청정한 공덕을 능히 원만하게 이루어서 기억하고 칭찬하여도 다할 수 없는 바인데, 하물며 다시 위없는 보리를 이룸이겠는가?

정 　 일체신 　 평등청정 　 　 일체근 　 평등청
淨하며 一切身이 平等淸淨하며 一切根이 平等淸

정 　 　 일체업과 　 　 평등청정 　 　 일체중회도
淨하며 一切業果가 平等淸淨하며 一切衆會道

량 　 평등청정
場이 平等淸淨하니라

일체원만행 　 　 평등청정 　 　 일체법방편지
一切圓滿行이 平等淸淨하며 一切法方便智가

평등청정 　 　 일체여래제원회향 　 　 평등청정
平等淸淨하며 一切如來諸願迴向이 平等淸淨하며

일체제불신통경계 　 　 평등청정
一切諸佛神通境界가 平等淸淨이니라

불자 　 보살마하살 　 여시회향시 　 득일체
佛子야 菩薩摩訶薩이 如是迴向時에 得一切

일체 부처님의 세계가 평등하고 청정하며, 일체 중생이 평등하고 청정하며, 일체 몸이 평등하고 청정하며, 일체 근이 평등하고 청정하며, 일체 업과 과보가 평등하고 청정하며, 일체 대중이 모인 도량이 평등하고 청정하다.

일체 원만한 행이 평등하고 청정하며, 일체 법의 방편과 지혜가 평등하고 청정하며, 일체 여래의 모든 원과 회향이 평등하고 청정하며, 일체 모든 부처님의 신통 경계가 평등하고 청정하다.

불자들이여, 보살마하살이 이와 같이 회향

공덕청정환희법문　무량공덕　원만장
功德淸淨歡喜法門하야 無量功德으로 圓滿莊

엄
嚴하나니라

여시회향시　중생　불위일체찰　찰불위
如是迴向時에 衆生이 不違一切刹하고 刹不違

일체중생　찰중생　불위업　업불위찰
一切衆生하며 刹衆生이 不違業하고 業不違刹

중생
衆生하니라

사불위심　심불위사　사심　불위경계
思不違心하고 心不違思하며 思心이 不違境界하고

경계　불위사심
境界가 不違思心하니라

업불위보　보불위업　업불위업도　업
業不違報하고 報不違業하며 業不違業道하고 業

할 때에 일체 공덕이 청정하여 환희하는 법문을 얻어서 한량없는 공덕으로 원만하게 장엄한다.

이와 같이 회향할 때에 중생이 일체 세계와 어기지 않고, 세계가 일체 중생과 어기지 않으며, 세계와 중생이 업과 어기지 않고, 업이 세계와 중생과 어기지 않는다.

생각이 마음과 어기지 않고, 마음이 생각과 어기지 않으며, 생각과 마음이 경계와 어기지 않고, 경계가 생각과 마음과 어기지 않는다.

업이 과보와 어기지 않고, 과보가 업과 어기지 않으며, 업이 업의 길과 어기지 않고, 업의

도불위업
道不違業하니라

법성　불위상　법상　불위성　법생　불
法性이 不違相하고 法相이 不違性하며 法生이 不

위성　법성　불위생
違性하고 法性이 不違生하니라

찰평등　불위중생평등　중생평등　불위
刹平等이 不違衆生平等하고 衆生平等이 不違

찰평등　일체중생평등　불위일체법평등
刹平等하며 一切衆生平等이 不違一切法平等하고

일체법평등　불위일체중생평등
一切法平等이 不違一切衆生平等하니라

이욕제평등　불위일체중생안주평등　　일
離欲際平等이 不違一切衆生安住平等하고 一

체중생안주평등　불위이욕제평등
切衆生安住平等이 不違離欲際平等하니라

길이 업과 어기지 않는다.

법의 성품이 모양과 어기지 않고, 법의 모양이 성품과 어기지 않으며, 법의 나는 것이 성품과 어기지 않고, 법의 성품이 나는 것과 어기지 않는다.

세계의 평등이 중생의 평등과 어기지 않고, 중생의 평등이 세계의 평등과 어기지 않으며, 일체 중생의 평등이 일체 법의 평등과 어기지 않고, 일체 법의 평등이 일체 중생의 평등과 어기지 않는다.

탐욕을 떠난 경계의 평등이 일체 중생의 편안히 머무르는 평등과 어기지 않고, 일체 중생

과거　　불위미래　　미래　　불위과거　　과
過去가 不違未來하고 未來가 不違過去하며 過

거미래　　불위현재　　현재　　불위과거미
去未來가 不違現在하고 現在가 不違過去未

래
來하니라

세평등　　불위불평등　　불평등　　불위세평
世平等이 不違佛平等하고 佛平等이 不違世平

등　　보살행　　불위일체지　　일체지　　불위
等하며 菩薩行이 不違一切智하고 一切智가 不違

보살행
菩薩行이니라

불자　　보살마하살　　여시회향시　　득업평
佛子야 菩薩摩訶薩이 如是迴向時에 得業平

의 편안히 머무르는 평등이 탐욕을 떠난 경계의 평등과 어기지 않는다.

과거가 미래와 어기지 않고, 미래가 과거와 어기지 않으며, 과거와 미래가 현재와 어기지 않고, 현재가 과거와 미래와 어기지 않는다.

세상의 평등이 부처님의 평등과 어기지 않고, 부처님의 평등이 세상의 평등과 어기지 않으며, 보살의 행이 일체지와 어기지 않고, 일체지가 보살의 행과 어기지 않는다.

불자들이여, 보살마하살이 이와 같이 회향

등　　득보평등　　득신평등　　득방편평
等하며 得報平等하며 得身平等하며 得方便平

등　　득원평등　　득일체중생평등　　득일
等하며 得願平等하며 得一切衆生平等하며 得一

체찰평등　　득일체행평등　　득일체지평
切刹平等하며 得一切行平等하며 得一切智平

등　　득삼세제불평등
等하며 得三世諸佛平等하니라

득승사일체제불　　득공양일체보살
得承事一切諸佛하며 得供養一切菩薩하며

득종일체선근　　득만일체대원　　득교화
得種一切善根하며 得滿一切大願하며 得敎化

일체중생　　득요지일체업　　득승사공
一切衆生하며 得了知一切業하며 得承事供

양일체선지식　　득입일체청정중회도
養一切善知識하며 得入一切淸淨衆會道

할 때에 업의 평등을 얻으며, 과보의 평등을 얻으며, 몸의 평등을 얻으며, 방편의 평등을 얻으며, 원의 평등을 얻으며, 일체 중생의 평등을 얻으며, 일체 세계의 평등을 얻으며, 일체 행의 평등을 얻으며, 일체 지혜의 평등을 얻으며, 삼세 모든 부처님의 평등을 얻는다.

일체 모든 부처님을 받들어 섬김을 얻으며, 일체 보살에게 공양함을 얻으며, 일체 선근을 심음을 얻으며, 일체 대원이 원만함을 얻으며, 일체 중생을 교화함을 얻으며, 일체 업을 분명히 앎을 얻으며, 일체 선지식을 받들어 섬기고

량
場하며　得通達一切正教하며　得成滿一切白

법
法하나니라

불자　시위보살마하살　제칠등수순일체
佛子야　是爲菩薩摩訶薩이　第七等隨順一切

중생회향
衆生迴向이니라

보살마하살　성취차회향　즉능최멸일체
菩薩摩訶薩이　成就此迴向하면　則能摧滅一切

공양함을 얻으며, 일체 청정한 대중이 모인 도량에 들어감을 얻으며, 일체 바른 가르침을 통달함을 얻으며, 일체 깨끗한 법을 원만히 이룸을 얻는다.

불자들이여, 이것이 보살마하살의 일곱째 일체 중생을 평등하게 수순하는 회향이다.

보살마하살이 이 회향을 성취하면 곧 능히 일체 마군과 원수를 꺾어 멸하고 모든 탐욕의 가시를 뽑으며, 벗어나는 낙을 얻어 둘이 없는

마원　　발제욕자　　득출리락　　주무이
魔怨하고 拔諸欲刺하며 得出離樂하야 住無二

성　　　구대위덕　　구호중생　　위공덕왕
性하며 具大威德하야 救護衆生하며 爲功德王하야

신족무애　　왕일체찰　　입적멸처
神足無礙하며 往一切刹호대 入寂滅處하니라

구일체신　　성보살행　　어제행원　　심득
具一切身하야 成菩薩行호대 於諸行願에 心得

자재　　　분별요지일체제법　　　실능변생일
自在하며 分別了知一切諸法하야 悉能徧生一

체불찰　　득무애이　　문일체찰　　소유음
切佛刹하며 得無礙耳하야 聞一切刹의 所有音

성　　　득정혜안　　견일체불　　미상잠사
聲하며 得淨慧眼하야 見一切佛호대 未嘗暫捨하며

어일체경계　　성취선근　　심무고하　　어
於一切境界에 成就善根하야 心無高下하고 於

성품에 머무르며, 큰 위덕을 갖추어 중생들을 구호하며, 공덕의 왕이 되어 신족통이 걸림이 없으며, 일체 세계에 가되 적멸한 자리에 들어간다.

일체의 몸을 갖추고 보살의 행을 이루되 모든 행과 원에 마음이 자재를 얻으며, 일체 모든 법을 분별하여 분명히 알고 모두 능히 일체 부처님 세계에 두루 태어나며, 걸림이 없는 귀를 얻어 일체 세계의 있는 바 음성을 들으며, 청정한 지혜의 눈을 얻어 일체 부처님을 친견하고 일찍이 잠시도 버리지 아니하며, 일체 경계에서 선근을 성취하여 마음에 높고 낮

일체법　득무소득
一切法에 得無所得하나니라

보살마하살　이일체선근　등수순일체중
菩薩摩訶薩이 以一切善根으로 等隨順一切衆

생　여시회향
生하야 如是迴向이니라

이시　금강당보살　승불신력　보관시
爾時에 金剛幢菩薩이 承佛神力하사 普觀十

방　이설송언
方하고 而說頌言하시니라

음이 없으며, 일체 법에 얻을 바 없음을 얻는다.

보살마하살이 일체 선근으로 일체 중생을 평등하게 수순하여 이와 같이 회향한다.

그때에 금강당 보살이 부처님의 위신력을 받들어 시방을 널리 살펴보고 게송을 설하여 말씀하였다.

보살소작제공덕
菩薩所作諸功德이

미묘광대심심원
微妙廣大甚深遠하니

내지일념이수행
乃至一念而修行을

실능회향무변제
悉能迴向無邊際로다

보살소유자생구
菩薩所有資生具가

종종풍영무한억
種種豊盈無限億이라

향상보마이가거
香象寶馬以駕車와

의복진재실수묘
衣服珍財悉殊妙로다

혹이두목병수족
或以頭目幷手足하며

혹지신육급골수
或持身肉及骨髓하고

실변시방무량찰
悉徧十方無量刹하야

보시일체영충변
普施一切令充徧이로다

보살이 지은 모든 공덕이
미묘하고 광대하며 매우 깊고 아득하니
내지 한 생각 동안 닦아 행함도
모두 능히 회향하여 끝이 없도다.

보살의 있는 바 살림 도구가
갖가지로 풍성하여 한없는 억이라
향 코끼리와 보배 말로 수레에 매고
의복과 보배재물이 다 수승하고 미묘하도다.

혹은 머리와 눈과 아울러 손과 발로써
혹은 몸과 살과 뼈와 골수를 가지고
시방의 한량없는 세계에 모두 두루하여
일체에게 널리 보시하여 충만하게 하도다.

무량겁중소수습
無量劫中所修習인

일체공덕진회향
一切功德盡迴向하니

위욕구도제군생
爲欲救度諸群生하야

기심필경불퇴전
其心畢竟不退轉이로다

보살위도중생고
菩薩爲度衆生故로

상수최승회향업
常修最勝迴向業이라

보령삼계득안락
普令三界得安樂하야

실사당성무상과
悉使當成無上果로다

보살보흥평등원
菩薩普興平等願하며

수기소집청정업
隨其所集淸淨業하야

실이회시제군생
悉以迴施諸群生하니

여시대서종무사
如是大誓終無捨로다

한량없는 겁 동안 닦아 익힌 바

일체 공덕을 다 회향하여

모든 군생들을 제도하고자

그 마음 필경에 퇴전하지 않도다.

보살이 중생들을 제도하기 위한 까닭으로

가장 수승한 회향의 업을 항상 닦아서

널리 삼계로 하여금 안락을 얻게 하여

모두 당래에 위없는 과를 이루게 하도다.

보살이 널리 평등한 원을 일으키고

그 모은 바 청정한 업을 따라서

다 모든 군생들에게 회향하여 베푸니

이와 같은 큰 서원을 마침내 버리지 않도다.

보살원력무한애　　　일체세간함섭수
菩薩願力無限礙하야　一切世間咸攝受하나니

여시회향제군생　　　미증잠기분별심
如是迴向諸群生호대　未曾暫起分別心이로다

보원중생지명료　　　보시지계실청정
普願眾生智明了하야　布施持戒悉清淨하고

정진수행불해폐　　　여시대서무휴식
精進修行不懈廢하야　如是大誓無休息이로다

보살회향도피안　　　보개청정묘법문
菩薩迴向到彼岸하야　普開清淨妙法門하니

지혜동어양족존　　　분별실의득구경
智慧同於兩足尊이라　分別實義得究竟이로다

보살의 원력은 한계와 걸림이 없어서
일체 세간을 모두 거두어 받아들이니
이와 같이 모든 군생들에게 회향하되
일찍이 잠깐도 분별심을 일으키지 않도다.

널리 중생들이 지혜가 밝아서
보시와 지계가 다 청정하며
정진하고 수행함을 게을러 그만두지 않기를 원하고
이와 같은 큰 서원을 쉬지 않도다.

보살이 회향하여 피안에 이르러
청정하고 묘한 법문을 널리 열어서
지혜가 양족존과 같음이라
진실한 뜻을 분별하여 구경을 얻도다.

보살언사이통달
菩薩言辭已通達하고

종종지혜역여시
種種智慧亦如是하며

설법여리무장애
說法如理無障礙호대

이어기중심불착
而於其中心不著이로다

상어제법부작이
常於諸法不作二하고

역부부작어불이
亦復不作於不二라

어이불이병개리
於二不二並皆離하야

지기실시어언도
知其悉是語言道로다

지제세간실평등
知諸世間悉平等하니

막비심어일체업
莫非心語一切業이라

중생환화무유실
衆生幻化無有實하니

소유과보종자기
所有果報從茲起로다

보살이 언사를 이미 통달하고
갖가지 지혜도 또한 이와 같으며
설법이 이치와 같아 장애가 없으나
그 가운데 마음이 집착하지 않도다.

항상 모든 법에 두 가지를 짓지 아니하고
또한 다시 두 가지 아닌 것도 짓지 아니하여
둘과 둘 아님을 아울러 다 여의니
그 모두가 언어의 길임을 알도다.

모든 세간이 다 평등함을 아니
마음과 말의 일체 업 아님이 없음이라
중생도 환화라 진실함이 없으니
있는 바 과보가 이로 좇아 일어나도다.

일체세간지소유
一切世間之所有에

종종과보각부동
種種果報各不同이

막불개유업력성
莫不皆由業力成이니

약멸어업피개진
若滅於業彼皆盡이로다

보살관찰제세간
菩薩觀察諸世間에

신구의업실평등
身口意業悉平等하고

역령중생주평등
亦令衆生住平等호대

유여무등대성존
猶如無等大聖尊이로다

보살선업실회향
菩薩善業悉迴向하야

보령중생색청정
普令衆生色淸淨하며

복덕방편개구족
福德方便皆具足하야

동어무상조어사
同於無上調御士로다

일체 세간의 있는 바

갖가지 과보가 각각 같지 아니함이

모두 업력으로 이루어지지 않음이 없으니

만약 업을 소멸하면 그 모두가 없어지도다.

보살이 모든 세간에

몸과 입과 뜻의 업이 다 평등함을 관찰하고

또한 중생들이 평등함에 머무르되

같음이 없는 대성존과 같게 하도다.

보살이 선한 업을 모두 회향하여

널리 중생으로 하여금 색이 청정하며

복덕과 방편을 다 구족하여

위없는 조어사와 같게 하도다.

보살이익제군생　　　　공덕대해진회향
菩薩利益諸群生호대　　功德大海盡迴向하고

원사위광특초세　　　　득성웅맹대력신
願使威光特超世하야　　得成雄猛大力身이로다

범소수습제공덕　　　　원사세간보청정
凡所修習諸功德으로　　願使世間普淸淨호대

제불청정무륜필　　　　중생청정역여시
諸佛淸淨無倫匹하시니　衆生淸淨亦如是로다

보살어의득선교　　　　능지제불최승법
菩薩於義得善巧하야　　能知諸佛最勝法하고

이중선업등회향　　　　원령서품동여래
以衆善業等迴向하야　　願令庶品同如來로다

보살이 모든 군생들을 이익하게 하되

공덕의 큰 바다를 다 회향하고

위엄 있는 광명이 특히 세상을 초월하여

용맹한 큰 힘의 몸을 이루게 하기를 원하도다.

무릇 닦아 익힌 모든 공덕으로

세간으로 하여금 널리 청정하게 하되

모든 부처님의 청정하심은 짝이 없으니

중생들의 청정함도 이와 같기를 원하도다.

보살이 뜻에 방편을 얻어서

모든 부처님의 가장 수승한 법을 능히 알고

온갖 선한 업으로 평등하게 회향하여

중생들이 여래와 같아지기를 원하도다.

보살요지제법공
菩薩了知諸法空하야

일체세간무소유
一切世間無所有하며

무유조작급작자
無有造作及作者호대

중생업보역불실
衆生業報亦不失이로다

제법적멸비적멸
諸法寂滅非寂滅에

원리차이분별심
遠離此二分別心하고

지제분별시세견
知諸分別是世見하야

입어정위분별진
入於正位分別盡이로다

여시진실제불자
如是眞實諸佛子가

종어여래법화생
從於如來法化生이라

피능여시선회향
彼能如是善迴向일새

세간의혹실제멸
世間疑惑悉除滅이로다

〈大方廣佛華嚴經 卷第二十九〉

보살은 모든 법이 공함을 분명히 아니
일체 세간이 있는 바가 없으며
지은 것과 짓는 자도 없으나
중생들의 업과 과보 또한 잃지 않도다.

모든 법이 적멸하고 적멸하지 않음에
이 두 가지 분별심을 멀리 여의고
모든 분별은 세간의 견해임을 알아서
바른 지위에 들어가 분별이 다하도다.

이와 같이 진실한 모든 불자들이
여래의 법에서 변화하여 태어남이라
그들이 능히 이와 같이 잘 회향하니
세간의 의혹을 모두 멸하여 없애도다.

〈대방광불화엄경 제29권〉

大方廣佛華嚴經 — 부록

- 대방광불화엄경 목차

- 간행사

대방광불화엄경
목차

〈제1회〉

제1권   제1품   세주묘엄품 [1]

제2권   제1품   세주묘엄품 [2]

제3권   제1품   세주묘엄품 [3]

제4권   제1품   세주묘엄품 [4]

제5권   제1품   세주묘엄품 [5]

제6권   제2품   여래현상품

제7권   제3품   보현삼매품

         제4품   세계성취품

제8권   제5품   화장세계품 [1]

제9권   제5품   화장세계품 [2]

제10권   제5품   화장세계품 [3]

제11권   제6품   비로자나품

〈제2회〉

제12권   제7품   여래명호품

         제8품   사성제품

제13권   제9품   광명각품

         제10품   보살문명품

제14권   제11품   정행품

         제12품   현수품 [1]

제15권   제12품   현수품 [2]

〈제3회〉

제16권   제13품   승수미산정품

         제14품   수미정상게찬품

         제15품   십주품

제17권   제16품   범행품

         제17품   초발심공덕품

제18권   제18품   명법품

〈제4회〉

<u>제19권</u>　제19품　승야마천궁품

　　　　　제20품　야마궁중게찬품

　　　　　제21품　십행품 [1]

<u>제20권</u>　제21품　십행품 [2]

<u>제21권</u>　제22품　십무진장품

〈제5회〉

<u>제22권</u>　제23품　승도솔천궁품

<u>제23권</u>　제24품　도솔궁중게찬품

　　　　　제25품　십회향품 [1]

<u>제24권</u>　제25품　십회향품 [2]

<u>제25권</u>　제25품　십회향품 [3]

<u>제26권</u>　제25품　십회향품 [4]

<u>제27권</u>　제25품　십회향품 [5]

<u>제28권</u>　제25품　십회향품 [6]

<u>제29권</u>　제25품　십회향품 [7]

<u>제30권</u>　제25품　십회향품 [8]

<u>제31권</u>　제25품　십회향품 [9]

<u>제32권</u>　제25품　십회향품 [10]

<u>제33권</u>　제25품　십회향품 [11]

〈제6회〉

<u>제34권</u>　제26품　십지품 [1]

<u>제35권</u>　제26품　십지품 [2]

<u>제36권</u>　제26품　십지품 [3]

<u>제37권</u>　제26품　십지품 [4]

<u>제38권</u>　제26품　십지품 [5]

<u>제39권</u>　제26품　십지품 [6]

〈제7회〉

<u>제40권</u>　제27품　십정품 [1]

<u>제41권</u>　제27품　십정품 [2]

<u>제42권</u>　제27품　십정품 [3]

<u>제43권</u>　제27품　십정품 [4]

<u>제44권</u>　제28품　십통품

　　　　　제29품　십인품

<u>제45권</u>　제30품　아승지품

　　　　　제31품　수량품

　　　　　제32품　제보살주처품

<u>제46권</u>　제33품　불부사의법품 [1]

<u>제47권</u>　제33품　불부사의법품 [2]

제48권 제34품 여래십신상해품

　　　 제35품 여래수호광명공덕품

제49권 제36품 보현행품

제50권 제37품 여래출현품 [1]

제51권 제37품 여래출현품 [2]

제52권 제37품 여래출현품 [3]

〈제8회〉

제53권 제38품 이세간품 [1]

제54권 제38품 이세간품 [2]

제55권 제38품 이세간품 [3]

제56권 제38품 이세간품 [4]

제57권 제38품 이세간품 [5]

제58권 제38품 이세간품 [6]

제59권 제38품 이세간품 [7]

〈제9회〉

제60권 제39품 입법계품 [1]

제61권 제39품 입법계품 [2]

제62권 제39품 입법계품 [3]

제63권 제39품 입법계품 [4]

제64권 제39품 입법계품 [5]

제65권 제39품 입법계품 [6]

제66권 제39품 입법계품 [7]

제67권 제39품 입법계품 [8]

제68권 제39품 입법계품 [9]

제69권 제39품 입법계품 [10]

제70권 제39품 입법계품 [11]

제71권 제39품 입법계품 [12]

제72권 제39품 입법계품 [13]

제73권 제39품 입법계품 [14]

제74권 제39품 입법계품 [15]

제75권 제39품 입법계품 [16]

제76권 제39품 입법계품 [17]

제77권 제39품 입법계품 [18]

제78권 제39품 입법계품 [19]

제79권 제39품 입법계품 [20]

제80권 제39품 입법계품 [21]

간 행 사

　귀의삼보 하옵고,

『대방광불화엄경』의 수지 독송과 유통을 발원하면서 수미정사 불전연구원에
서『독송본 한문·한글역 대방광불화엄경』과『사경본 한글역 대방광불화엄경』
을 편찬하여 간행하게 되었습니다.

『화엄경』은 우리나라에 전래된 이래 일찍부터 사경되고 주석·강설되어 왔으
며 근현대에 이르러서는『화엄경』의 한글 번역과 연구도 부쩍 많이 이루어졌습
니다. 그만큼『화엄경』이 우리 불자님들의 신행과 해탈에 큰 의지처가 되었던
것임을 알 수 있습니다.

『화엄경』을 독송하고 사경하는 공덕은 설법 공덕과 함께 크게 강조되어 왔
습니다. 그리하여 수미정사 불전연구원에서도『화엄경』(80권)을 독송하고 사경
하는 데 도움이 되도록 한문 원문과 한글역을 함께 수록한 독송본과 한글역
의 사경본『화엄경』간행불사를 발원하였습니다. 이『화엄경』간행불사에 뜻을
같이하여 적극 후원해주신 스님들과 재가 불자님들께 깊이 감사드립니다. 또한
『화엄경』을 수지 독송할 수 있도록 경책의 모습으로 장엄해 주신 편집위원들과
담앤북스 출판사 관계자들께도 고마움을 표합니다.

　끝으로 이 불사의 원만 회향으로『화엄경』이 널리 유통되고, 온 법계에 부처
님의 가피가 충만하시길 기원드립니다.

　나무 대방광불화엄경

불기 2564년 '부처님오신날'을 봉축하며
수미해주 합장

위태천신(동진보살)

수미해주 須彌海住

동국대학교 명예교수
중앙승가대학교 법인이사
대한불교조계종 수미정사 주지

독송본 한문·한글역

대방광불화엄경 제29권

| 초판 1쇄 발행_ 2022년 10월 24일

| 엮은이_ 수미해주
| 엮은곳_ 수미정사 불전연구원
| 편집위원_ 해주 수정 경진 선초 정천 석도 박보람 최원섭
| 편집보_ 무이 무신 시욱 혜명

| 펴낸이_ 오세룡
| 펴낸곳_ 담앤북스
　　　　서울특별시 종로구 새문안로3길 23 경희궁의 아침 4단지 805호
　　　　대표전화 02)765-1251 전자우편 damnbooks@hanmail.net
　　　　출판등록 제300-2011-115호
| ISBN_ 979-11-6201-335-9 04220

정가 15,000원
ⓒ 수미해주 2022